1/5

La energía

Tim Clifford

rourkeeducationalmedia.com

www.rourkeeducationalmedia.com

PHOTO CREDITS: Title Page: © Mark Stout; page 4: © Peter Finnie; page 5: © Groelsfse; page 6: © Tom Marvin; page 7,8: © Tony Tremblay, Bjorn Kindler; page 10: © Sami Suni, David Philips; page 11: © Jeff Dalton; page 12: © Lou Oates; page 13: © Nancy Louie; page 15: © Michelle Cottrill; page 16: © Peter McKinnon; page 17: © Matt Matthews; page 18: © Daniel Rodriguez, Mario Tarello; page 19: Lee, James Steidl; page 21: © Edward Todd; page 22: © Michael utech; page 23: © Pawel Marksum; page 24: © George Argyropoulos; page 25: © Narvikk; page 29: ©Douglas Freer, Daniel Stein; page 30: © Andrew Penner; page 31: © Malcolm Romain; page 32: © Alex Yurchenko; page 33: © Alexander Hafemann; page 34: Jeff Strickler; page 35: Rob Hill; page 36: Soubrette; page 37: James Ferrie; page 38: David H. Lewis; page 40: René Mansi; page 41: Pattie Calfy; page 43: Otmar Smit; page 44: Richard Foreman.

Editor: Robert Stengard-Olliges

Cover design by Nicky Stratford, bdpublishing.com

Interior Design by Renee Brady

Editorial/Production services in Spanish
by Cambridge BrickHouse, Inc.
www.cambridgebh.com

Clifford, Tim.
La energía / Tim Clifford
 ISBN 978-1-63155-085-0 (hard cover - Spanish)
 ISBN 978-1-62717-297-4 (soft cover - Spanish)
 ISBN 978-1-62717-504-3 (e-Book - Spanish)
 ISBN 978-1-6069-4990-0 (soft cover - English)
Library of Congress Control Number: 2014941383

Also Available as:

Rourke Educational Media
Printed in the United States of America,
North Mankato, Minnesota

Rourke
Educational Media

rourkeeducationalmedia.com

customerservice@rourkeeducationalmedia.com • PO Box 643328 Vero Beach, Florida 32964

CONTENIDO

CAPÍTULO UNO
¿QUÉ ES LA ENERGÍA?

Necesitas energía para trabajar

¿Alguna vez te has despertado muy cansado en la mañana, incapaz incluso de levantar la cabeza de la almohada? Si es así, es probable que te dijeras: "¡Hoy no tengo **energía**!" ¡Por supuesto que tenías un poco de energía, o no hubieras sido capaz de abrir los ojos!

Probablemente te referías a que no tenías suficiente energía para hacer algo, como salir de la cama e ir a la escuela. La energía puede definirse como la capacidad de hacer **trabajo**.

El trabajo es la capacidad de mover un objeto de alguna manera. La electricidad se mueve a través de los cables para iluminar un bombillo. Tu reloj despertador utiliza energía eléctrica para producir el sonido que te despierta. La energía del viento hace que tus cortinas se agiten suavemente.

Al mirar por la ventana, puedes ver los autos que queman combustibles para obtener energía para acelerar y avanzar por la calle. Si algo se está moviendo, o haciendo trabajo, está utilizando energía.

La electricidad enciende un bombillo.

CAPÍTULO DOS

USOS DE LA ENERGÍA

Para iluminar esta casa se usa energía.

Usamos energía principalmente de tres maneras. La usamos para viajar, para la fabricación de productos y en nuestros hogares y empresas. ¿Cuál de estas tres formas consume más energía? ¡Tal vez te sorprenda la respuesta!

Energía usada en el transporte

Los automóviles están en todas partes. ¡Hay más de 240 millones de automóviles solo en los Estados Unidos! Todos necesitan energía para funcionar. ¡Piensa en toda la energía que deben usar! A pesar de eso, aunque añadas todos los aviones, trenes y barcos, el transporte todavía se quedaría en tercer lugar en el consumo de energía. Aproximadamente, el 28 por ciento de la energía en los Estados Unidos se usa para el transporte.

Los vehículos consumen mucha energía.

Los aviones consumen mucha energía.

Energía usada en la industria

Casi cada artículo que compras es manufacturado. El proceso de fabricación utiliza enormes cantidades de energía. La energía se utiliza para encontrar o crear nuevos materiales para hacer los productos que compramos. Estos materiales deben ser calentados, enfriados, conformados en moldes y ensamblados. Incluso los alimentos cocidos que se compran en los supermercados utilizan energía en el proceso de cocción. La fabricación de todos los artículos que podemos comprar, comer o usar utiliza solo el 32 por ciento de nuestra energía.

Esta fábrica usa energía.

Energía usada en casas y edificios comerciales

Las casas y edificios comerciales utilizan más energía que la industria o el transporte.

Las casas en que vivimos usan energía para mantener a la gente caliente en invierno y refrescarlas en verano. Todos nuestros aparatos, desde los televisores a los hornos de microondas, usan energía. Los edificios comerciales incluyen lugares donde las personas trabajan, pero en los que generalmente no viven. Estos incluyen edificios como tu escuela, tiendas, hospitales, oficinas de correos y muchos otros tipos.

Piensa en las diferentes formas en que tu casa y tu escuela usan energía. Ahora puedes darte cuenta de por qué las casas y los edificios comerciales utilizan el 40 por ciento de nuestra energía, más que la industria o el transporte.

Porcentajes del uso de la energía

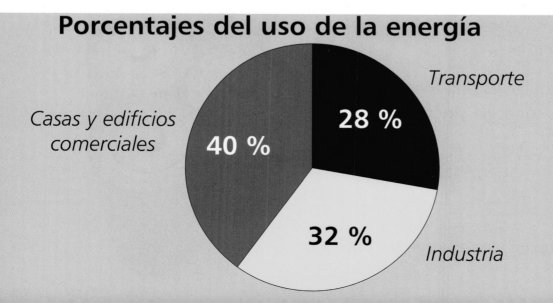

Transporte 28 %

Industria 32 %

Casas y edificios comerciales 40 %

CAPÍTULO TRES

ENERGÍA CINÉTICA Y POTENCIAL

Existen dos tipos de energía: cinética y potencial. La **energía cinética** es la energía del movimiento. La **energía potencial** es energía almacenada.

Esquiar es una forma de energía cinética.

Las baterías tienen energía potencial.

Energía cinética

Piensa en una bailarina saltando por el aire o en un lanzador de béisbol lanzando una bola rápida. Ambas acciones implican movimiento, así que son ejemplos de energía cinética. Los objetos también pueden tener energía cinética. El movimiento del brazo del lanzador da energía cinética a la pelota de béisbol. De hecho, cualquier objeto en movimiento tiene energía cinética.

Para que haya movimiento, la energía debe ser transferida de un objeto a otro. Cuando se escribe con un lápiz, se está transfiriendo energía de la mano al lápiz para hacer que se mueva. ¿Puedes mencionar otros ejemplos de energía cinética?

Una montaña rusa es un ejemplo de energía cinética.

Energía potencial

Cuando alguien te dice que tienes potencial, ellos están diciendo que tienes la habilidad de hacer algo en el futuro. La energía potencial es la misma cosa, tiene la capacidad de convertirse en energía cinética.

La roca que golpeó a este carro tiene energía potencial que cambió a energía cinética.

Esa capacidad puede provenir de la gravedad. Una roca en la cima de una montaña tiene energía potencial, porque si empieza a rodar hacia abajo ganará energía cinética mientras la gravedad tire de ella hacia la Tierra. Cuanto mayor es la roca, mayor cantidad de energía potencial contiene.

Otro tipo de energía potencial es la elástica. Cuando tiras de una banda de goma, se extiende y adquiere energía potencial. La piedra aún no se mueve, pero cuando la sueltas se desplazará a través del aire. La distancia que viaje depende de cuánto la estiraste. Cuanto más se estira la banda, más energía potencial tiene y más lejos viajará la piedra cuando la sueltes.

La energía potencial también puede ser liberada por una reacción química o nuclear.

Un tira piedras contiene energía potencial.

CAPÍTULO CUATRO

FORMAS DE ENERGÍA

Aunque existen solo dos tipos de energía, cinética y potencial, hay muchas más formas de energía. Algunas de estas formas son cinéticas y otras potenciales.

Algunas de las formas de energía cinética que examinaremos en este libro son el **calor** (térmica), radiante y eléctrica. Las formas de energía potencial que examinaremos son químicas y nucleares.

Las teteras contienen una forma de energía calorífica.

Las baterías de autos son eléctricas.

Energía calorífica

La energía calorífica es el movimiento de la energía de un objeto a otro. También se llama energía térmica. Puede moverse de tres maneras: por conducción, por convección o por radiación.

Los vehículos calentándose al sol tienen energía calorífica.

La conducción ocurre cuando el calor se mueve directamente desde un objeto a otro. ¿Qué sucede cuando dejas tu coche aparcado en un estacionamiento soleado en un día caluroso? El calor del Sol pasa directamente a través del metal del coche y calienta el aire y los asientos en el interior.

La convección es el movimiento de gases o líquidos calientes. Por ejemplo, cuando hierves agua, el líquido más cercano a la llama se calienta primero. Mientras se calienta, sube y el agua fría va a la parte inferior donde es calentada. Esto continúa hasta que el agua hierve.

La radiación es el movimiento de energía en forma de ondas. Da vuelta a la página para obtener más información sobre la energía radiante.

El agua hirviendo tiene energía térmica.

Energía radiante

La energía radiante es la energía generada a través de las ondas electromagnéticas, como la luz, el calor o las ondas de radio. El Sol es nuestra fuente principal de energía radiante porque emite una gran cantidad de calor y luz. Los científicos utilizan el espectro electromagnético para analizar los tipos de energía radiante. El espectro electromagnético muestra todos los tipos de energía radiante según su longitud de onda. Cuanto más corta es la onda, más energía y calor se crean.

Espectro electromagnético

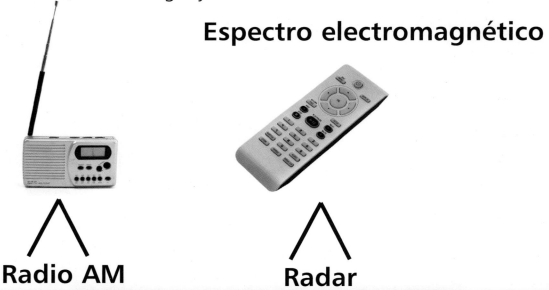

Radio AM

Radar

| 0 | 10^2 | 10^4 | 10^6 | 10^8 | 10^{10}ia |

Frecuencia en hertz (hz)

La mayor parte de la energía radiante no se puede ver, pero hay un rango del espectro electromagnético que se llama luz visible, y esta es la luz que podemos ver. Las diferencias en la longitud de las ondas en esta parte del espectro hacen que veamos colores diferentes.

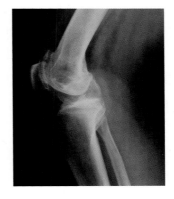

Luz visible

Rayos-X

10^{12} 10^{14} 10^{16} 10^{18} 10^{20} 10^{22}

Energía eléctrica

En cada casa, un enorme laberinto de cables transporta la energía eléctrica para hacer muchos trabajos diferentes, desde la iluminación de tu hogar hasta cocinar los alimentos.

La electricidad comienza en el nivel atómico. Los átomos están constituidos por un núcleo, protones y electrones. Creamos electricidad obligando a los electrones a moverse de un átomo a otro. La **energía eléctrica** es el movimiento de electrones a través de un conductor. Un conductor es un material que puede transmitir la electricidad, como el cableado en los hogares.

Los generadores crean la electricidad utilizada en nuestra vida cotidiana, pero otras formas de energía eléctrica se producen naturalmente.

Un rayo se produce cuando los electrones son descargados desde una nube. Un rayo es tan poderoso que si pudiéramos capturar la electricidad de una sola descarga, esta pudiera abastecer de energía toda nuestra casa durante días.

La electricidad estática se produce cuando un objeto (o persona) es cargada con electrones. Puede que la hayas experimentado al frotar los pies en una alfombra y luego tocar el pomo de una puerta. ¡Los electrones acumulados en tu mano saltan al metal del pomo de la puerta, provocando un choque poderoso!

Un hombre comprobando el contador de electricidad.

Energía química

Las sustancias químicas contienen energía almacenada, o potencial, para unir sus átomos. Cuando los productos químicos se mezclan, puede ocurrir una reacción. La **energía química** es la energía liberada a través de una reacción química. Podemos utilizar el calor que desprenden estas reacciones. Podemos usarlo para cocinar, calentar nuestras casas y quemar la gasolina que mueve nuestros coches.

Uno de los principales usos de la energía química es ayudar a producir energía eléctrica. El carbón, el gas y otros combustibles se queman para poner en funcionamiento los generadores eléctricos. La energía química en las baterías se transforma en la energía eléctrica que usamos para hacer funcionar desde las linternas hasta los juguetes.

Una planta eléctrica de carbón

La energía química de las baterías hace funcionar esta linterna.

Energía nuclear

Los átomos son tan pequeños que hasta hace poco no se podían ver ni con los microscopios más poderosos. Sin embargo, cuando separamos el núcleo de un átomo, se libera una enorme cantidad de energía. La energía nuclear es la energía potencial almacenada en el núcleo de un átomo. En una planta de **energía nuclear**, el reactor se utiliza para separar los átomos de uranio. Este calor se utiliza para convertir el agua en vapor. El vapor acciona un generador que genera electricidad.

Las plantas de energía nuclear generan alrededor del 20% de la electricidad en los Estados Unidos. Las de carbón, petróleo y gas natural ayudan a producir el resto.

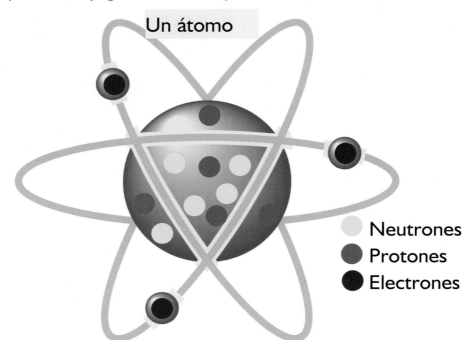

Un átomo

Neutrones
Protones
Electrones

Torres de enfriamiento de una central nuclear

CAPÍTULO CINCO

CONSERVACIÓN Y TRANSFORMACIÓN DE LA ENERGÍA

Cuando piensas en la conservación de energía, piensas en maneras de ahorrar energía en tu hogar. Cuando los científicos hablan de la **Ley de conservación de la energía**, significa algo muy diferente.

Esta ley dice que la energía no puede ser creada ni destruida. En otras palabras, la cantidad de energía que existe sigue siendo la misma, pero a menudo se transforma de un tipo a otro.

Piensa en ese día que te despertaste sin ninguna energía. El desayuno te ayudó a moverte. La energía potencial química de los alimentos que comiste fue transformada en la energía cinética con que te levantaste y te pusiste en movimiento.

Aquí vemos algunos ejemplos de cómo la energía se transforma de un tipo a otro.

- La energía radiante del Sol se convierte en energía química almacenada en los alimentos

- La energía química en los alimentos se convierte en la energía que tu cuerpo necesita para trabajar

- La energía nuclear en un átomo se convierte en la energía eléctrica en un reactor

- La energía eléctrica en tu hogar se convierte en energía térmica en un calentador

- La energía química en la gasolina se convierte en la energía del movimiento de tu auto

CAPÍTULO SEIS

ENERGÍA RENOVABLE Y NO RENOVABLE

Usando árboles como energía

Hace un siglo, antes de que hubiera muchos equipos electrodomésticos y automóviles, no necesitábamos producir mucha energía. Hoy en día, casi todo lo que usamos necesita algún tipo de energía. Para satisfacer la alta demanda de energía que requieren todas las cosas que necesitamos y queremos hacer, debemos producir energía a partir de muchas fuentes. Estas fuentes son **renovables** o **no renovables.**

La energía renovable es la energía que puede ser utilizada una y otra vez sin que se gaste. La energía no renovable es la energía que se acabará algún día.

Fuentes de energía no renovables

En los Estados Unidos, la mayor parte de nuestra energía proviene de fuentes no renovables. De estas, los principales tipos son los combustibles fósiles, el gas propano y el uranio. Cada uno de ellos presenta problemas. El uranio es peligroso para los seres humanos y es difícil de almacenar. La quema de los combustibles fósiles (carbón, petróleo y gas natural) y propano crea la contaminación. El dióxido de azufre de la quema de carbón crea lluvia ácida. Los combustibles fósiles también emiten dióxido de carbono, que muchos científicos creen que produce al efecto invernadero y el calentamiento global.

Lluvia ácida

Efecto invernadero

Lluvia ácida: Cuando la lluvia se hace ácida, puede contaminar lagos y corrientes, dañando los animales que viven allí. También puede causar daños a bosques y hasta desgastar los edificios, con el tiempo.

Efecto invernadero: Muchos científicos creen que el dióxido de carbono y otros gases en el aire pueden atrapar energía en la atmósfera, causando que la Tierra se caliente. Esto contribuye al calentamiento global, o un aumento en la temperatura media de la Tierra. Esto puede tener efectos nocivos sobre los océanos del mundo, el clima y la vida animal.

La categoría más ampliamente utilizada de las energías no renovables es la de los **combustibles fósiles**, que son combustibles que provienen de los organismos muertos, tales como plantas y animales que murieron hace muchos millones de años. Hay tres tipos principales: el carbón, que es un sólido; el petróleo, que es un líquido, y el gas natural, que es un gas.

Tipo de combustible fósil	Cómo se produce
Carbón	*Sacado del suelo*
Petróleo	*Extraído de la Tierra con pozos de petróleo*
Gas natural	*Extraído de la Tierra con pozos de gas*

Todos estos combustibles fósiles se queman. Cuando los quemamos, nos dan energía para crear electricidad, calentar nuestras casas y poner en funcionamiento nuestros vehículos.

Bomba de petróleo

El uranio es una fuente de energía no renovable. Se utiliza en el proceso de creación de energía nuclear. Es no renovable porque hay solo una pequeña cantidad de uranio en el mundo.

El propano se crea durante la producción de petróleo y gas natural. Es un gas, pero puede ser convertido en un líquido para hacerlo más fácil de transportar. Como se obtiene a partir de dos fuentes no renovables, el propano en sí mismo es no renovable.

Camión cargando carbón en una mina

Fuentes de energía renovables

Las fuentes de energía renovables tienen algunas ventajas sobre las fuentes no renovables. La más importante es que podemos utilizar fuentes renovables una y otra vez sin que se agoten. Además, las fuentes renovables suelen crear mucha menos contaminación.

Las energías renovables también tienen algunas desventajas. Pueden ser difíciles de producir o de controlar. Algunas formas pueden ser muy caras. Otras dependen del clima, por lo que pueden ser poco fiables. Por último, usando estas fuentes, puede ser difícil de generar, la cantidad de energía suficiente para satisfacer nuestras crecientes demandas energéticas.

La presa Hoover

La **energía solar** es la energía que proviene del Sol. La radiación del Sol es capturada en paneles solares que están expuestos a la luz solar. Estos puede transformar la luz del Sol en energía eléctrica para poner en funcionamiento todos los aparatos en un hogar. También puede utilizarse en la calefacción de una casa y para calentar el agua. Los principales problemas con la energía solar son que los paneles ocupan mucho espacio y la captación de energía depende del tiempo.

La **energía hidráulica** es la energía procedente del movimiento del agua. A veces se llama energía hidroeléctrica porque el agua se utiliza para mover turbinas que generan electricidad. Aunque la energía hidroeléctrica no crea casi ninguna contaminación, puede causar cambios en el entorno que afectan a los animales y las plantas.

Los paneles solares conducen energía del Sol.

La **energía eólica** es la energía proveniente del movimiento del viento. La forma más familiar de la energía eólica es el molino de viento, que utiliza la energía del viento para moler el grano. La forma más común hoy en día es la **turbina** de viento. Como un molino de viento, sus hojas son movidas por el viento, que hace girar una turbina que genera electricidad. El viento es una fuente de energía muy limpia, pero requiere de paletas grandes, a veces ruidosas de operar.

Estos molinos modernos conducen la energía del viento

La **energía geotérmica** es la energía que proviene de la Tierra, en forma de agua o vapor. El interior de la tierra está extremadamente caliente, lo suficientemente caliente como para derretir la roca, que sale de un volcán en forma de lava. Ese calor crea agua caliente y vapor por debajo de la superficie de la Tierra, que puede ser aprovechado cavando un pozo. Cuando el vapor o el agua se elevan, pueden ser utilizados para poner en funcionamiento una turbina y crear electricidad.

La **energía de la biomasa** proviene de los residuos de materiales vegetales y animales quemados como combustibles. La biomasa proviene de los organismos recientemente vivos, no de los materiales de millones de años de antigüedad que formaron los combustibles fósiles.

La madera es una fuente importante de energía de la biomasa. Puede ser cultivada y quemada como combustible. Otra fuente grande es la basura, que puede provenir de los vertederos o de los residuos de la industria. Algunos autos funcionan con un biocombustible llamado etanol, que

Un basurero está lleno de energía almacenada.

es creado a partir de cultivos. El etanol puede mezclarse con gasolina y ser utilizado en los autos.

La energía de la biomasa sufre del mismo problema que los combustibles fósiles: debe ser quemada y puede ser perjudicial para el medio ambiente. Aun así, se considera menos contaminante que los combustibles fósiles y puede ayudar a reducir el uso de otras fuentes de energía no renovables.

CAPÍTULO SIETE

CONSERVAR ENERGÍA

En 1900, había unos 1.6 billones de personas en la Tierra. Hoy en día, hay más de 6 billones. Cada una de estas personas usarán energía. Debemos encontrar maneras de satisfacer la demanda.

Las centrales eléctricas contaminan el medioambiente.

Es fácil decir que se debe producir más y más energía, pero muchas fuentes no durarán para siempre. Las fuentes renovables no pueden satisfacer la demanda. Para empeorar las cosas, utilizar más energía significará crear más contaminación.

Hay solo dos posibles soluciones. Podemos encontrar nuevas fuentes de energía, o conservar la energía. La **conservación** es el uso racional de los recursos que ya tenemos.

La conservación y tú

Muchos de nuestros recursos energéticos se usan para producir electricidad. ¡Tú puedes ayudar a ahorrar electricidad con solo mover un interruptor! La cosa más simple que puedes hacer para ahorrar electricidad es apagar aparatos. Apagando las luces que no son necesarias o los televisores que nadie está viendo puedes ahorrar mucha energía.

Uno de los mayores consumidores de electricidad en nuestros hogares es el aire acondicionado. Trata de usarlo solo cuando hay mucho calor afuera. Apágalo durante la noche cuando las temperaturas bajan, o mejor aún, trata de usar solo un simple ventilador eléctrico.

Usar un ventilador eléctrico ahorra electricidad.

Cuando tu familia va a comprar electrodomésticos grandes, pídeles que compren aparatos energéticamente eficientes, lo que significa que utilizan menos electricidad. La mayoría de los aparatos hoy en día tiene una etiqueta que muestra cuánta energía usan. Elegir los que son energéticamente eficientes no solo ahorra energía, sino que también ahorra dinero porque pagas cuentas de electricidad más bajas.

Conservar calor

La mayor parte del calor que usamos en nuestras casas es para la calefacción o para producir agua caliente. Hay muchos modos de conservar tanto el calor como el agua caliente. Con solo ajustar el termostato de tu casa unos grados más abajo puedes ahorrar mucha energía durante un invierno largo. Una manera aún mejor de conservarlo es guardar el calor que realmente usas dentro de tu casa y no dejar entrar al aire frío.

Muchas fugas de calor a través de puertas y ventanas, o de agujeros diminutos, pueden dejar entrar mucho aire frío. Aunque es caro sustituir puertas y ventanas, aislarlas es mucho más barato y ahorrarás dinero a largo plazo.

Para ahorrar agua caliente, toma duchas y baños más cortos. Pon aislante en tu calentador para ahorrar energía protegiendo el agua caliente del aire frío que la rodea.

Los burletes pueden proteger las ventanas y puertas de las fugas de aire.

Si tu familia compra electrodomésticos que usan agua caliente, como un calentador de agua nuevo, lavavajillas, o lavadoras de ropa, aconséjalos que compren los que usan menos energía y agua caliente.

Conservar petróleo

Muchos hogares usan petróleo para calentarse, así que puedes comenzar a conservar petróleo ahorrando calor. Otro uso importante del petróleo es en el transporte. El petróleo se convierte en la gasolina que pone en funcionamiento nuestros vehículos de motor.

¡La forma más fácil de conservar el petróleo es caminar! Si no puedes llegar a tu destino a pie, considera otras opciones, tales como bicicletas, autobuses, trenes o compartir un auto. Si tu familia está considerando comprar un auto nuevo, puedes ayudar animándolos a comprar uno que tenga buen kilometraje. Usar menos gasolina significa que un auto puede terminar costándoles menos a través de la vida del vehículo, especialmente si tu familia conduce mucho.

Los tranvías son una buena forma de ahorrar petróleo.

Reciclar

Antes ya vimos que aproximadamente un tercio de la energía en los Estados Unidos se utiliza para hacer las cosas que compramos. Es una enorme cantidad de energía. Se necesita mucha menos energía para reutilizar los materiales existentes que para hacer otros nuevos, así que tiene sentido reciclar.

El **reciclaje** es el proceso de tratamiento de materiales para que pueden ser reutilizados. Estos materiales incluyen periódicos, botellas de plástico y vidrio y latas de aluminio.

Los diarios son reciclables.

Hoy en día, gran parte del material que puede ser reciclado lleva el símbolo internacional de reciclaje, que son tres flechas persiguiéndose en un triángulo. Cuando veas este símbolo, sabrás que puedes reciclar ese material con seguridad.

Hoy hay muchos lugares que reciclan las computadoras, los estéreos, televisores y otros aparatos electrónicos que antes se botaban en los vertederos. El metal y el plástico de estos aparatos pueden ser reutilizados. Incluso el cartucho de tinta de la impresora puede reciclarse fácilmente en estos días llevándolos a una tienda.

Los cartuchos de tinta son reciclables.

10 maneras fáciles de ahorrar energía

¡Eres un niño o una niña! ¿Significa esto que no puedes ayudar a ahorrar energía?, ¡CLARO QUE NO! Hay muchas maneras en que todos y cada uno de nosotros podemos ayudar a ahorrar energía todos los días. Aquí verás una breve lista de algunas maneras fáciles de reducir el uso de energía. ¡Piensa en otras maneras que se te ocurran!

1. Lava los platos a mano en lugar de utilizar el lavavajillas, ahorrarás electricidad y agua caliente.
2. Mantén cerrada la puerta del refrigerador. Si dejas la puerta abierta aunque sea por un corto tiempo permite que se escape mucho aire frío.
3. Desconecta los teléfonos celulares, computadoras y televisores cuando no son necesarios. Todos usan energía, aun cuando están apagados.
4. Reutiliza las bolsas del supermercado. Estas bolsas están hechas de papel (de la madera) o plástico (del petróleo).
5. Ve en bicicleta en lugar de pedirle a alguien que te lleve a lugares cercanos.
6. Cierra las cortinas. Esto puede ayudar a mantener el aire caliente en tu casa en el invierno y evitar que el aire caliente entre en el verano.
7. Usa un ventilador en lugar de un aire acondicionado.
8. Seca la ropa afuera en lugar de usar una secadora de ropa.
9. Inicia una campaña de reciclaje en tu escuela. Discute con tus profesores cómo pueden reciclar todo el papel que se utiliza.
10. Ayuda a educar a otros sobre el ahorro de energía. Cuanta más gente convenzas para que se te unan, ¡más energía ayudarás a ahorrar!

CAPÍTULO OCHO

EL FUTURO DE LA ENERGÍA

¿Habrá suficiente energía para que nos dure en el futuro? ¿Tendremos toda la energía que necesitamos? Las respuestas a estas preguntas dependerán de cuán sabiamente utilicemos los recursos no renovables que tenemos y cómo podemos mejorar o encontrar nuevas fuentes de energía renovable.

La energía solar puede ayudarnos a satisfacer nuestras crecientes demandas de energía. ¡La cantidad de energía solar que llega a la Tierra en una hora es mayor que la energía que utilizamos en un año! Con el mejoramiento de la tecnología solar puede que seamos capaces de aprovechar mucho más esa fuente de energía renovable.

Una tecnología prometedora son las celdas de combustible de hidrógeno. Estas celdas pueden usarse para poner en funcionamiento cualquier cosa, desde pequeños dispositivos tales como teléfonos celulares a cosas más grandes como los automóviles. Pero las celdas de combustible son caras de producir. Si el costo se reduce, estas pueden ayudarnos a satisfacer nuestras necesidades de energía en el futuro.

Paneles solares en el techo de una casa

43

Otra tecnología que está cambiando nuestro uso de la energía en la actualidad, es el automóvil híbrido. La palabra híbrido significa que algo proviene de más de una fuente. En el caso de los autos, el motor híbrido utiliza gasolina y energía eléctrica. Convierte la energía de frenado del coche en energía eléctrica para cargar las baterías.

Auto híbrido

Sea el que sea el futuro, es evidente que tenemos que hacer tres cosas para asegurarnos de tener suficiente energía. En primer lugar, debemos hacer uso racional de los recursos no renovables. A continuación, debemos conservar energía cada vez que podamos. Por último, debemos desarrollar nuevas tecnologías que nos ayuden a satisfacer nuestras demandas futuras.

Si hoy hacemos estas cosas, habrá muchísima energía para muchos años venideros.

Preguntas

1. ¿Cuál es la diferencia entre la energía cinética y la energía potencial? Menciona un ejemplo de cómo un tipo puede transformarse en el otro.

2. ¿Cómo sería el futuro si no somos capaces de idear maneras de satisfacer la creciente demanda de energía?

3. Si fueras presidente, ¿qué harías para reducir la contaminación causada por la quema de combustibles fósiles?

Sitios de la internet

http://www.eia.doe.gov/kids/index.html
http://epa.gov/climatechange/kids/index.html
http://www.energyquest.ca.gov/

Más lectura

Saunders, Nigel and Steven Chapman. *Renewable Energy*. Raintree, 2005.

VanCleave, Janice. *Energy for Every Kid: Easy Activities That Make Learning Science Fun*. Joosey-Bass, 2005.

Wheeler, Jill C. *Everyday Conservation (Eye on Energy)*. Checkerboard Books, 2007.

GLOSARIO

combustibles fósiles — los combustibles que provienen de organismos muertos: carbón, petróleo y gas natural

conservación — uso racional de recursos que ya tenemos

energía — la capacidad de hacer trabajo

energía de la biomasa — residuos de plantas y animales quemados como combustible

energía calorífica — el movimiento de la energía de un objeto a otro

energía cinética — energía del movimiento

energía eléctrica — el movimiento de electrones a través de un conductor

energía eólica — energía proveniente del movimiento del viento

energía geotérmica — energía que proviene de la Tierra en forma de agua o vapor

energía hidroeléctrica — energía proveniente movimiento del agua

energía nuclear — energía potencial almacenada en el núcleo de un átomo

energía potencial — energía almacenada

energía química — energía liberada en una
reacción química

energía renovable — energía que puede ser utilizada
una y otra vez sin que se acabe

energía no renovable — energía que un día se acabará

energía solar — energía que proviene del Sol

energía térmica — ver energía calorífica

Ley de conservación de la energía — afirma que la
energía no puede ser creada ni destruida

reciclaje — el proceso de tratamiento de materiales para
que estos puedan ser reutilizados

trabajo — la capacidad de mover un objeto de
alguna manera

turbina — un motor que obtiene su energía de la presión
del viento, aire, agua o alguna otra fuente de energía

ÍNDICE

Sobre el autor

Tim Clifford es un escritor de temas educacionales y autor de algunos libros infantiles. Es maestro y vive en la ciudad de Nueva York.